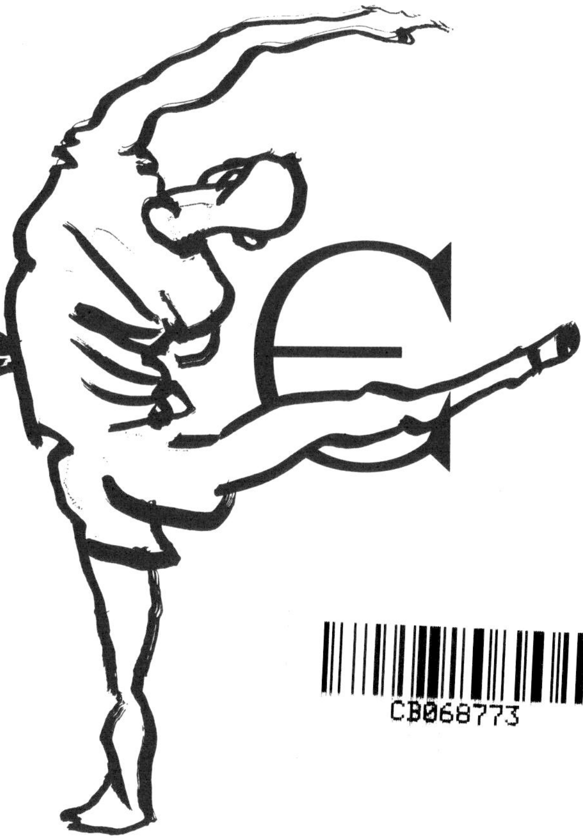

TRADUÇÃO
**ROBERTO BORGES**

ILUSTRAÇÕES
**BRUNO PASSOS**

# CARTAS A UM JOVEM BAILARINO

## MAURICE BÉJART

---

### ERCOLANO

TÍTULO ORIGINAL *Lettres à un jeune danseur* © Actes Sud, 2001
Esta publicação segue as normas do Acordo Ortográfico da
Língua Portuguesa, Decreto n. 6.583, de 29 de setembro de 2008.

TRADUÇÃO
Roberto Borges

EDIÇÃO
Régis Mikail

PREPARAÇÃO
Mariana Delfini

REVISÃO
Bárbara Waida

DESIGN
Tereza Bettinardi

ILUSTRAÇÕES DE CAPA E MIOLO
Bruno Passos

PRODUÇÃO GRÁFICA
Lilia Góes

pp.58-59: Maurice Béjart no Grand Palais em Paris durante os
ensaios do espetáculo *1789 et nous* (abril de 1989).
Photo 12 / Alamy Stock Photo

Todos os direitos reservados à Ercolano Editora Ltda. © 2025.
A reprodução não autorizada desta publicação, no todo ou em
parte, e em quaisquer meios impressos ou digitais, constitui
violação de direitos autorais (Lei n. 9.610/98).

**AGRADECIMENTOS**
José Ricardo Tomazelli, Kátia Barros,
Nathalie Alliel, Tânia Nardini.

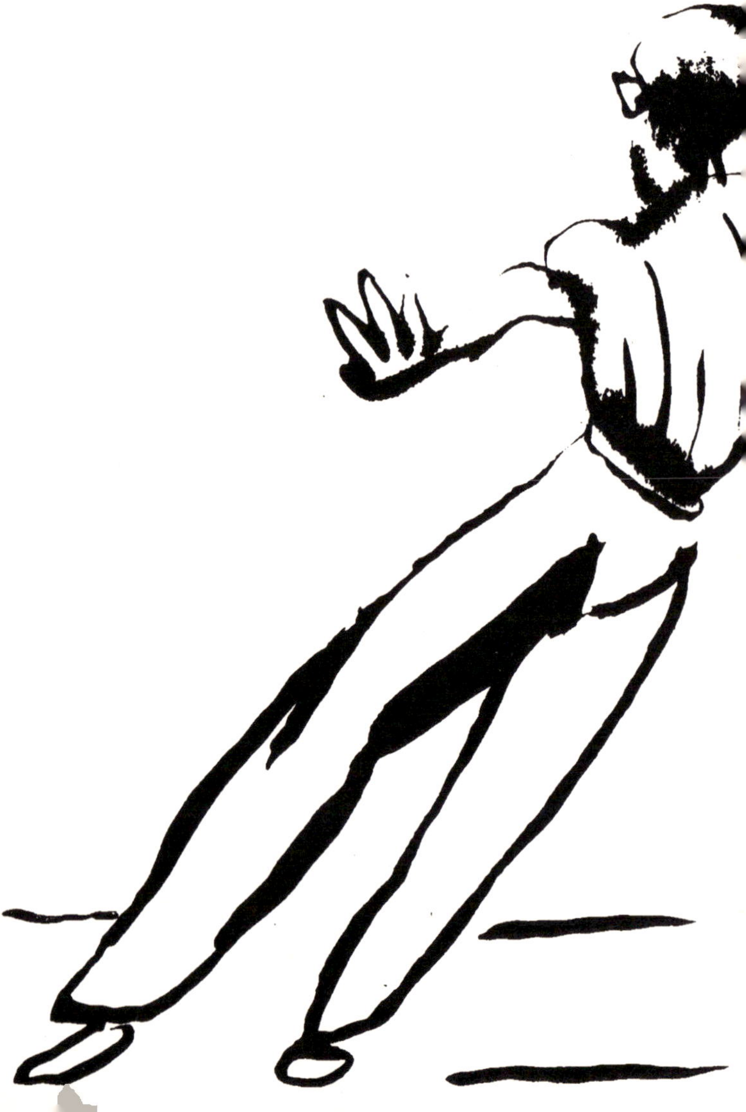

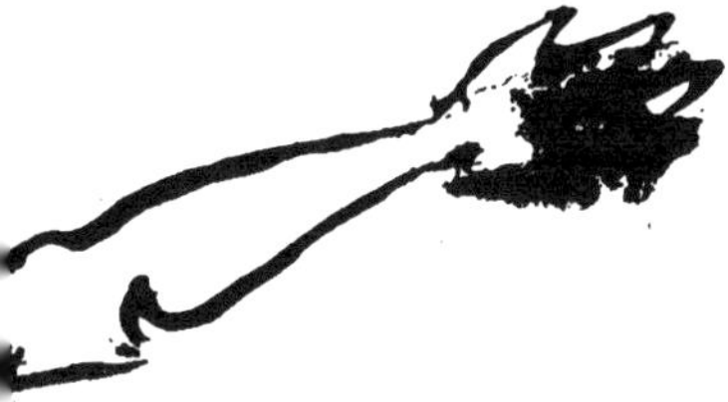

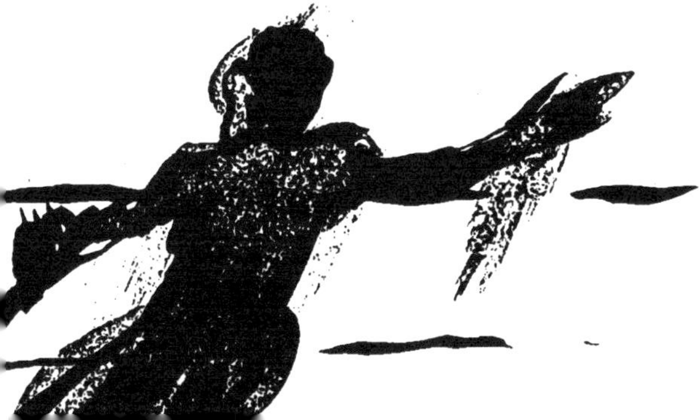

# SUMÁRIO

| | |
|---|---|
| 12 | CARTA I |
| 18 | CARTA II |
| 24 | CARTA III |
| 30 | CARTA IV |
| 34 | CARTA V |
| 44 | CARTA VI |
| 50 | CARTA VII |

para Nahuelt,
Natal de 2000

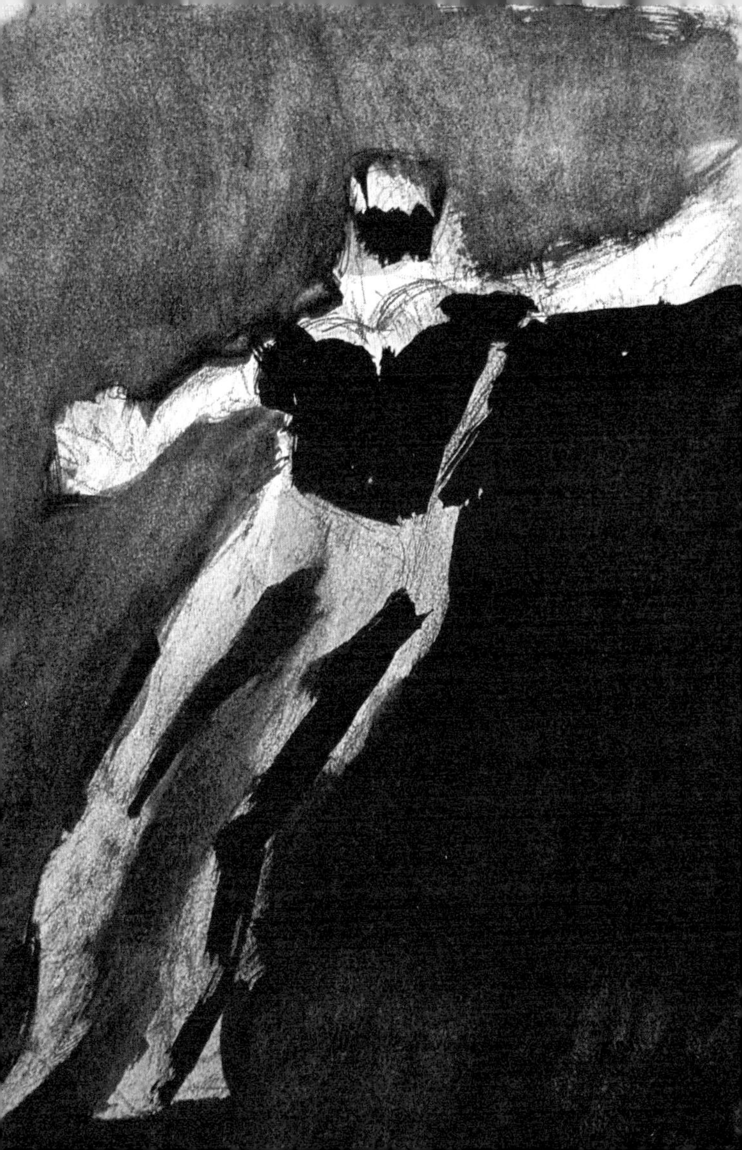

# CARTA

I

Obrigado pela sua última carta. Demorei um pouco para responder, desculpe — mas você me faz tantas perguntas! Fiquei quebrando a cabeça procurando as respostas, mas cada pergunta gerava outra e assim sucessivamente; as respostas não vieram, mas existem respostas? Nós prosseguimos na vida e vão surgindo portas à nossa frente, a gente abre uma delas para encontrar a solução, a saída, mas cada porta dá para um corredor que também está cheio de portas e é preciso seguir em frente, escolher, continuar... Mas talvez estar vivo seja isso, no fundo: fazer perguntas a si mesmo, e a única resposta, que está tão próxima, mas sempre nos parece distante, é a morte.

Está vendo, perdão, estou longe da dança... sim e não, a dança é minha vida, a dança me coloca perguntas a cada manhã e, quanto mais prossigo, menos sei; uma única certeza: continuar; uma única convicção: o trabalho.

*Na profissão, repasse cem vezes sua obra.*[1]

---

[1] *"Cent fois sur le métier, remettez votre ouvrage."* Verso 172 do primeiro canto de *L'Art poétique* (1674), de Nicolas Boileau (1636-1711), crítico literário e filósofo francês. [Esta e as próximas notas são do tradutor.]

Ah!, lembrança de colégio... mas o que eu gosto nesse verso são as palavras "profissão", "obra".

A arte foi criada pelos *artesãos*; depois, bem depois, vieram os *artistas,* e eles quase sempre mataram a arte, no mínimo deformaram o seu sentido profundo. Os artesãos aprendiam lentamente sua *profissão* sob a tutela de um mestre e depois, enquanto construíam, pintavam, esculpiam, cantavam e escreviam, transmitiam sua técnica a um aprendiz.

*Trabalho!* Alguém declarou (e muitos poderiam ter dito isto): a genialidade é dez por cento inspiração e noventa por cento transpiração. Sim, você sabe, lugar-comum, mas não há nada como repetir todas as manhãs em jejum alguns lugares-comuns... A propósito, os exercícios na barra são um lugar-comum maravilhoso.

*Profissão*. No fundo, qual é a minha profissão?

Escrevi no começo do primeiro capítulo de um livro: "Sou coreógrafo porque não sei fazer outra coisa".[2] Bom, não tenho tanta certeza assim se sou

---

2 BÉJART, Maurice. *Un Instant dans la vie d'autrui. Mémoires I*. Paris: Flammarion, 1979, p. 9.

coreógrafo... tenho plena certeza até mesmo do contrário... Antes de mais nada, a coreografia em si não me interessa (no mesmo livro, também escrevi: "Em um balé, o mais importante não é a coreografia, e sim o bailarino").

A maravilha é descobrir um intérprete e, em seguida, um ser dentro do intérprete, depois fazer esse ser nascer de dentro dele, daquilo que ele é bem no fundo de si e nem mesmo sabe que é, daquilo que a dança revela de sua verdadeira personalidade... junto a isso, dar passos, belos ou novos... essas trivialidades!

Em seguida, depois do bailarino (escrevi também: "A coreografia se faz a dois, como o amor", mas vou irritar você com esse pedantismo de me citar sem parar... chega!), enfim, depois do bailarino, o público... ah! você está rindo, agora virou suruba, a coreografia se faz a três! Não, eu vou embora, agora está feito, e você fica aí, sozinho, com o *seu* público. É claro, eu também amo o público, amei-o ao criar você, ao construir você, mas agora chegou a sua vez.

Quanto ao público, eu não busco o sucesso, mas gosto da alegria que existe nele, gosto dos espetáculos que sejam não "obras de arte", mas festas, eventos, explosões... sim, *festa*, a palavra é essa mesma, minha profissão é organizar festas, e precisamos tanto disso em um mundo onde o prazer permanente e direcionado (diarreia audiovisual) matou a excepcionalidade da festa.

Quando você tiver tempo ou oportunidade, dedique-se às danças tradicionais... ao que resta delas... Ande logo!

Aprendi tudo com as danças espanholas, africanas, indianas etc., elas são de uma complexidade que nada tem de amadorismo e, no entanto, pasme!, são os amadores que as praticam... Não, são *artesãos* (gosto da palavra "artesão"). O presidente Léopold Sédar Senghor[3] me dizia: "No fundo, toda grande civilização nasce de uma mestiçagem. A pureza (como a água destilada) só leva à morte".

Trate de aprender sua dança com as outras danças, a barra é um meio, não um fim.

---

3   Léopold Sédar Senghor (1906-2001), escritor e intelectual senegalês, conhecido por ser um dos elaboradores do conceito de "negritude". Foi presidente do Senegal de 1960 a 1980.

Mas o tempo está passando, fico falando e o ensaio está à minha espera. Continue a me fazer perguntas, isso significa que você faz perguntas a si mesmo e que, portanto, estamos vivos, eu e você. Vou terminar com uma frase do meu pai, Gaston Berger... que tem a ver com que estamos falando: "O homem acreditava ser um filho cheio de privilégios, ele percebe que talvez seja somente um descendente sortudo dos macacos, é por isso que possui a arrogância e as angústias dos bem-sucedidos."

Até breve!
*Salve*

# CARTA

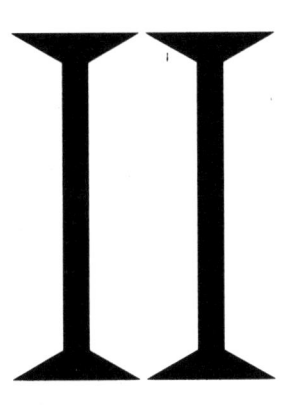

# II

Você está procurando, pelo que me diz, uma disciplina para completar e ao mesmo tempo interiorizar o seu trabalho com o corpo. Você falou sobre ioga... É curioso, porque durante um tempo eu também fui atrás dessa outra disciplina, então me deixe lhe contar sobre essa "busca", que me estimulava a explorar novos horizontes.

No meio dos anos 1960 viajei para a Índia. Desde a minha mais tenra infância, e graças ao meu pai, esse continente não era para mim nem desconhecido, nem mais distante que algumas cidades da França que, por causa da nossa falta de recursos, da guerra e da ocupação alemã, se tornavam inacessíveis e quase míticas para nós. E o *Bhagavad-gītā* era um dos "livros da minha vida", junto com Molière, Nietzsche e Baudelaire. Continuo o mesmo!

    A Índia é de fato um continente, onde se encontram todos os climas, todas as crenças, todas as religiões, todas as culturas, originais ou importadas, e ir do Kerala até os pés do Himalaia, passando pelo Rajastão, é saltar do sul tropical para o minúsculo Mont Blanc fazendo escala nessas ilhas mágicas onde a água e a vegetação mantêm a umidade das flores-frutos com as quais sonham os navegadores.

Segui então minha viagem para a Índia em busca de...

O que eu mais queria era um mestre de ioga autêntico (coisa rara e secreta) e ser guiado por ele nesse caminho desconhecido e desgastado.

Graças a amigos indianos que moram na Europa, fui apresentado a um desses homens, que são "invisíveis" não por magia, mas porque, ao contrário dos "gurus" europeizados (ou americanizados), são seres como qualquer outro e nada, além da clarividência de um olhar verdadeiro, os distingue de uma pessoa comum na rua.

Eu me encontro com o mestre:
— Por que você deseja fazer ioga?
(É claro que foi um jovem tradutor, estudante, quem nos permitiu estabelecer esse diálogo.)
— Acredito que a prática possa me ajudar a construir minha vida e progredir no meu trabalho.
— Com o que você trabalha?
— Sou bailarino.

— A dança é um dom dos deuses, Shiva-Nataraja é o senhor da dança. É uma arte difícil. O que você dança?

Esboço algumas explicações atrapalhadas. No fundo, não sei o que danço!

— Suponho — ele me diz — que você possua um treino diário, exercícios.

— Sim, é claro.

Não sei como explicá-los. E ele:

— Mostre para mim!

Reparo em uma sacada de madeira que dá a volta no terraço coberto onde estamos sentados diretamente no chão.

— Por exemplo, nos exercitamos na barra todos os dias.

— Bem, então vá em frente!

Respiro profundamente, com um frio na barriga ainda pior do que na ocasião de uma estreia, e me coloco na frente dele, com a mão na borda da sacada. O chão era de madeira natural polida, coisa rara na Índia, mas não escorregava, o que me permitiu me exercitar de forma simples e apurada.

Quarenta minutos depois, nem o corpo nem o olhar dele haviam saído do lugar. Eu digo a ele, encharcado de suor:

— Pronto, é isso que nós chamamos de A BARRA.

Um longo silêncio. E então:

— E por que você quer fazer ioga? Se sua mente está livre e seu corpo, ereto, mas sem tensão, se você deixa o exercício guiá-lo e não o contrário, se você não deseja nada além do exercício para encontrar a beleza e a verdade do exercício, você já tem a sua ioga. Não procure em outro lugar! Faça isso que vocês chamam de "a barra" pela beleza da barra, sem pensar que tem de progredir, porque a gente só progride se abandona a ideia de progresso.

Desde esse dia, a barra não está ligada a uma técnica, a um estilo, a uma forma específica de dança para mim, ela é uma ioga que constrói meu corpo e minha mente e me abre para a possibilidade de tentar entender todas as outras formas de dança, porque a dança é só UMA.

# CARTA

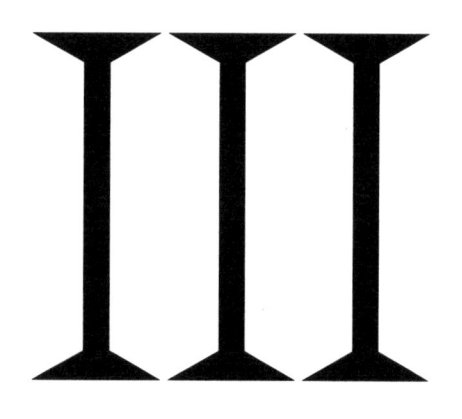

# III

Em um verão de Veneza, na ocasião de um grande festival, a companhia de Martha Graham estava alternando apresentações com o Ballet du XX$^e$ Siècle.[4] Nós fomos convidados para almoçar, Graham e eu, na casa de uma senhora italiana que organizava o festival e tinha um apartamento no Grande Canal com uma vista que nos deixava sem palavras. Um jovem jornalista que estava presente quebrou o silêncio, perguntando a Martha Graham:

— O que a senhora sente quando pensa no seu passado, na sua carreira, em toda a sua obra?

Martha não respondeu de imediato, depois virou-se para mim:

— O artista é como Orfeu, ele caminha e sua obra o segue como Eurídice. Se ele olhar para trás, ela desaparece, nada mais existe. Um criador nunca olha para trás, ele avança, ele avança até a sua morte; cabe aos outros refletir e dissecar sua obra... e não ao artista; ele busca, ele avança, não há retrovisor.

Martha Graham criou até o fim. Doente, quase incapaz, ela dava vida a uma dança em movimento.

---

[4] Companhia de dança criada por Maurice Béjart em 1960, tendo permanecido em atividade até 1987.

Você me pergunta sobre o centro... centro do corpo, centro do movimento, centro do espaço...

Cada ser humano é o centro do mundo. Essa sensação legítima que pode produzir o egoísmo mais frenético e a opressão mais brutal é, no entanto, a base da existência profunda.

O "Penso, logo existo" de Descartes é exatamente isso. Mas desse centro deve emanar a beleza da vitalidade e da energia, que no caso do bailarino (ou do ator, ou do músico...) é transferida para aquilo que chamamos plateia, o outro.

Doris Humphrey, a coreógrafa americana, disserta longamente em seu livro *The Art of Making Dances* [A arte de criar danças] sobre as diversas possibilidades de descobrir "o centro" desse espaço que chamamos de "palco". E que Shakespeare chama "mundo", *"The world is a stage"*...

Um dia estava falando sobre isso com Martha Graham, ela me olha, sorri e diz:

— De que servem as teorias?, o centro do palco é onde eu estou!

E não se tratava de afetação de bailarina, mas de um sentimento profundo de um ser humano responsável e consciente do poder cênico que ela exercia enquanto um ser totalmente habitado por dentro diante de uma plateia.

O estudo diário da dança, de qualquer estilo, da técnica que for, não deve ter como objetivo adquirir uma nova virtuosidade nem inflar aquela já adquirida. Não é ginástica, é uma tomada de consciência.
Conhecer seu corpo, olhar para ele através dessa visão interior do olho do corpo, saber exatamente por que eu estou aqui, por que eu vou, por que eu paro, por que tal braço faz tal gesto.

Entramos na sala de ensaio como se entra no templo, na mesquita, na igreja, na sinagoga, para se encontrar, se religar (a palavra "religião"), se unificar.

Em 1967, em *Messe pour le temps présent* [Missa para o tempo presente], fiz um ator recitar o *Satipaṭṭhāna Sutta* de Buda enquanto os bailarinos tomavam consciência de seus corpos através dos exercícios da barra.

> E como, irmão, um homem permanece contemplando seu corpo?

Aqui, irmão, um homem vai para a floresta, ao pé de uma árvore ou em uma casa isolada, senta-se com as pernas cruzadas, o corpo ereto, com a atenção focada à sua frente. Com consciência ele inspira, com consciência ele expira. "Sentindo a totalidade do corpo ele inspira, sentindo a totalidade do corpo ele expira. Acalmando as atividades do corpo ele inspira, acalmando as atividades do corpo ele expira."

Assim ele se aperfeiçoa. [...] Assim ele permanece, contemplando o corpo pelo interior; permanece contemplando o corpo pelo exterior; permanece contemplando o corpo pelo interior e pelo exterior. Ele permanece contemplando o corpo surgir; permanece contemplando o corpo desaparecer; permanece contemplando o corpo surgir e desaparecer. "Eis aqui o corpo"; essa introspecção está presente nele, somente pelo conhecimento, somente pela reflexão, e ele permanece livre e não se prende a nada do mundo.

# CARTA

# IV

Vou te contar uma coisa que me aconteceu diversas vezes.

Um jovem bailarino chega à audição.

Eu pergunto a ele:

— Por qual treinamento você passou, qual é a sua técnica?

— Nenhuma — ele responde. — Eu faço o que quero.

— Não, você não faz o que quer, você faz o que consegue, é diferente. O bailarino que conseguiria fazer o que quisesse é aquele que possui todas as técnicas, o que evidentemente não existe e pertence ao campo aspiracional, apontando para uma possibilidade que sabemos ser impossível.

Um dia um jornalista me faz a seguinte pergunta:

— O senhor associa o conceito de "encomenda" à ideia de liberdade. Isso não é um paradoxo?

— De jeito nenhum. A "encomenda" dá maior liberdade ao artista. Na época áurea das artes plásticas, só existiam encomendas. Não havia um só pintor que pintasse um quadro para si. E, no entanto, eles fizeram as coisas mais autorais, mais geniais, mais bonitas.

Olhe o teto da Capela Sistina, escute as *Missas* de Bach, releia *O burguês fidalgo* de Molière... são todos encomendas. Quando o artista fica dentro do quarto sem que ninguém lhe peça nada, muitas vezes ele tem vontade de não fazer mais nada. A encomenda é um estímulo. Um amigo romancista disse que tenho sorte de ter uma data marcada para minhas estreias, sou obrigado a terminar a tempo. Acredito que a liberdade, dentro da arte, é superar as restrições, não evitá-las. Liberdade que não foi conquistada não é liberdade.

A permissividade é o pior obstáculo para um artista. Toda restrição nos força a criar estratagemas surpreendentes. Toda censura coloca a imaginação para trabalhar, e a revolta que ela provoca é fonte de inspiração. Até a falta de recursos (disso eu sei) gera ideias, e uma ideia vale sempre mais que um cenário suntuoso que custou muito dinheiro.

A época em que o ator era excomungado não era tão ruim para o teatro. É claro que há sofrimento e exclusão, mas sem isso Molière não teria escrito *Tartufo*, *Don Juan* ou *O Misantropo*.

Jean Genet, que conheci quando eu tinha vinte anos, foi um dos últimos fora da lei, antes de Sartre beatificá-lo!

Na arte, assim como na política, a evolução é necessária, uma vez que a vida é perpétua transformação. As revoluções são inúteis e ilusórias, a consequência delas é quase sempre a ditadura, principalmente na política, mas na arte não é muito diferente.

A arte vive de restrições que apenas o artista, no entanto, pode (e deve) impor a si mesmo; a liberdade é ilusão em estado primário, a disciplina é indispensável para encontrar, ao final de uma trajetória de renúncia, a verdadeira liberdade.

Você está vendo, eu pulo de uma ideia para outra sem parar, mas estas cartas não são um livro técnico sobre teatro e coreografia, e sim uma conversa entrecortada entre dois funâmbulos buscando o equilíbrio... (Releia Jean Genet sem falta — *Le Funambule*.)

Pulemos então, MACACADA, como dizia meu pai!

# CARTA

V

A criança se diverte, pula, dança e se joga em tudo aquilo que o movimento a inspira a fazer.

A grande bailarina, depois de dez anos de esforços diários, executa passos e figuras extraordinários por sua beleza e sua execução perfeita.

A verdadeira bailarina, depois de dez anos e mais esforço diário, esquece a técnica (que seu corpo, no entanto, não esquece) e se diverte, pula, dança e se joga em tudo aquilo que o movimento a inspira a fazer, assim como a criança!

O aprendizado é só uma etapa intermediária, que no entanto é indispensável.

Picasso dizia: "Eu não procuro, eu encontro". Ele tinha razão.

Podemos também pensar o contrário, não importa o que encontramos (ou se encontramos algo), a busca é um objetivo em si.

Duas opiniões contraditórias? Se não considerarmos, todavia, as duas em pé de igualdade, a gente se engana. A verdade é feita de duas faces, como Jano. É importante ver a verdade da contradição. No momento em que penso uma coisa, percebo que o seu contrário também é verdadeiro.

Procuro, encontro, acho que devo procurar, então procuro de novo... e acredito de novo encontrar... que é necessário mais uma vez procurar.

O bailarino — você, eu espero — deve ter a profissão e o instinto, essa mistura surpreendente de disciplina e liberdade.

Durante a apresentação, ele deve provocar na plateia a impressão de estar improvisando e criando a coreografia; apenas sob essa condição ela é interessante. Se ele faz a plateia acreditar que está executando movimentos livres e completamente autorais, as pessoas se deixam levar.

Para conseguir isso, é necessário também que ele tenha assimilado totalmente a coreografia, que a tenha repensado de ponta a ponta, que a tenha recriado, incorporado e que tenha ao mesmo tempo um domínio técnico e uma percepção intelectual completa a respeito dela.

O ator passa pela mesma situação: quando está em cena, responde de uma maneira que parece totalmente pessoal a uma pergunta feita por outro ator. No entanto, se dá a impressão de que está inventando a resposta, ganha a plateia. Se a gente percebe que ele está recitando um texto decorado, ninguém mais se interessa: cada vez que o bailarino aprende uma coreografia e apenas a executa, a vibração se perde, a plateia se entedia.

Você precisará reinventar a todo momento as danças que uma outra pessoa imaginou ter composto para você. A dança é SUA!

*Bis repetita placent*[5]

Era isso que meu professor de humanidades dizia — eu tinha onze anos — nas aulas de latim.

Também vou repetir para você um texto que eu mesmo escrevi faz muitos anos para um outro "jovem bailarino", Jorge Donn.[6]

---

5 Horácio, *Arte poética*, 365. Em tradução livre: "As coisas repetidas agradam".

6 Jorge Donn (1947-1992) foi o principal bailarino da companhia de Béjart, da qual se tornou diretor artístico. Em 1988, fundou a companhia L'Europa Ballet.

Olhe para esse pedaço de madeira que você acabou de soltar: a barra.

A barra é tudo, mas pare de considerá-la um instrumento ou ponto de apoio.

A barra é viva.

A barra conhece você.

A barra observa você.

ELA precisa de muito amor.

Quando, todas as manhãs, você vier estudar, chegue bem cedo, antes de todos os outros.

Para ficar sozinho na sala de ensaio.

E, antes de mais nada, cumprimente a barra ao entrar.

Está vendo, assim... uma grande reverência, um sorriso e: "Bom dia, lindeza!".

Então aproxime-se dela, delicadamente.

Elogie-a como a um cavalo de corrida arredio.

Um carinho. Com muito cuidado e um bocado de ternura. Em seguida, enquanto você segura nela para praticar, não a aperte muito forte, você pode machucá-la. Ponha a mão em cima dela.

Com calma.

Que esse contato seja uma união entre você e ela.

Que, através desse contato, vocês penetrem um no outro. Mas, sobretudo, nada de possessividade.

Você ama a barra, deve amá-la porque ELA te ama, mas ela não lhe pertence. Da mesma maneira que você é livre, a barra não é SUA.

Ela APOIA você de acordo com sua capacidade de honrá-la, amá-la. Depois, quando você deixar a sala de ensaio, diga a ela: "Até logo e obrigado".

Se você fica de pé, é graças a ela.

A barra é sua coluna vertebral, nunca se esqueça disso.

A seguir, existe um outro cara, aqui, mas esse cara é perigoso.

É um falso amigo.

Assim como a barra é sua esposa, esse outro é o amante enganador.

O espelho.

Quando você entra na sala de ensaio, o espelho vem rapidamente ao seu encontro. Ele gruda em você, suga, engole, devora.

Você fica contente, olha para ele. Você acredita se ver nele.

Você pensa que esse espelho é seu irmão gêmeo.

Ele é um traidor.

Não tenha nenhuma consideração por ele, nem lhe dê sequer um olhar. Tudo que ele conta a você é mentira. A imagem de você que ele devolve é a imagem mais ilusória, a mais falaciosa, a mais subjetiva.

Nesse espelho, você só vê o que quer.

E o que você quer ver não é você, nunca é, e sim o que você gostaria de ser. Então, de frente para o espelho, dê um sorriso irônico, um sorriso que você conhece bem, e depois siga em frente.

Agora, aqui, no meio da testa, um pouco acima das sobrancelhas, entre os olhos, existe um ponto, perceba-o.

Eu aperto aqui, exatamente aqui.

E bem aqui você tem um espelho interior, um espelho da alma e do coração.

É esse aí que você precisa despertar.

É aqui que está o trabalho. Substituir o traidor enganoso que aqui, maquiavelicamente, espera você contra a parede, para mergulhá-lo dentro de seu labirinto, onde você se perde; substituir esse objeto pelo espelho verdadeiro que, ele também, é produto da mente.

Com esse espelho você conseguirá ver.

Olhe, você está aqui na barra, seu olhar vai até aquele ponto, o mais longe que conseguir, onde se encontra um horizonte imaginário.

Mas, um pouquinho antes desse horizonte, um pouco antes, existe a projeção do seu espelho interior, e ali você se vê exatamente como é.

Faça o exercício e olhe no espelho da concentração, no espelho verdadeiro.

Você se vê.

Você vê exatamente cada um dos seus movimentos. E então, principalmente, você pode girar, o espelho gira com você. Você pode ir embora, o espelho continua com você. Você pode depois se encontrar no palco com a plateia lotada de gente, de frente para esse buraco negro fascinante e aterrorizante, o espelho está ali, calmo e limpo, na sua frente.

Você se vê em espírito.

Cada um dos seus gestos é controlado. E, ainda por cima, essa visão não é externa a você. Você é o espelho.

O que mais você vê nessa sala?

O chão.

Você precisa ignorá-lo também. Mas ignore-o de forma extremamente ardilosa, sabendo que você sai dele, que você o ignora fazendo enorme uso dele.

Com o chão, através do chão, contra o chão, em cima do chão, acima do chão.

Dance.

Você o toca, o deixa, o aperta, pula, cai, brinca com o chão como se faz com uma bola.

Não é o seu corpo que se eleva, é o chão que se esconde e retorna, obediente, sob os seus pés, exatamente como um cachorro traz uma pedra de volta: você a lança, o cachorro corre, vai e volta e a coloca aos seus pés.

Você quer saltar: o chão foge, de repente fica bem profundo e, no momento em que você precisa dele, ele reaparece novamente como um trampolim, para dar na planta dos pés aquele tapa que vai lhe levar a tocar as estrelas.

Aí estão a barra, o espelho, o chão.

Agora você pode dançar.

# CARTA

# VI

Aprendi a dançar com grandes mestres,

Aprendi a dançar caminhando na natureza,

Aprendi a dançar suando numa sala de ensaio,

Aprendi a dançar observando meus gatos,

Aprendi a dançar descobrindo o mundo,

Aprendi a dançar meditando no meu quarto,

Aprendi a dançar olhando minha avó preparar sopa de legumes,

Aprendi a dançar assistindo a grandes bailarinos no palco,

Aprendi a dançar me exercitando na barra,

Aprendi a dançar nadando no mar,

Aprendi a dançar em Dakar, dando aulas para meus irmãos senegaleses,

Aprendi a dançar dirigindo meu carro, de madrugada, por estradinhas nas montanhas,

Aprendi a dançar nos barzinhos do interior da Espanha, onde, depois da meia-noite, todo mundo dança,

Aprendi a dançar viajando de trem de madrugada, escutando o ritmo dos rodeiros e dos trilhos,

Aprendi a dançar assistindo Madeleine Renaud atuar em *Dias felizes*,

Aprendi a dançar indo muito ao cinema, várias vezes, até hoje... Luz!

Aprendi a dançar praticando zen-budismo com Taisen Deshimaru,

Aprendi a dançar sentindo dor em todos os músculos, tendões, articulações...

Aprendi a dançar observando as nuvens,

Aprendi a dançar escutando meu pai falar de filosofia

e cantar muitas vezes canções de época, Mistinguett, Joséphine Baker, Damia, quando caminhávamos juntos, de mochila nas costas, pelas estradinhas do interior.

"Agora estou leve, agora voo, agora me vejo abaixo de mim, agora um deus dança comigo."

"Eu acreditaria somente num deus que soubesse dançar."

NIETZSCHE[7]

No momento em que estava criando minha primeira companhia de dança, Les Ballets de l'Étoile, eu e meus colegas vivíamos em comunidade e não tínhamos recursos para pagar uma sala de ensaio. Felizmente, o Théâtre de l'Étoile, onde nos apresentávamos durante o verão, só programava, ao longo da temporada, apresentações de canto que não exigiam nem cenário,

---

[7] NIETZSCHE, Friedrich. *Assim falou Zaratrustra*. Trad. de Paulo César de Souza. São Paulo: Companhia das Letras, 2011.

nem ensaios de palco elaborados (foi assim que conheci Yves Montand, Marlène Dietrich...), e, como o palco ficava desocupado durante o dia, a gente podia trabalhar, ensaiar e criar novos espetáculos.

Foi assim, por necessidade, que descobri a alegria de criar em um palco, a verdade do movimento experimentada pelo corpo e não vista através de um espelho, a potência dinâmica do buraco negro da plateia onde, um dia (é o que sempre se espera), o público virá se aninhar.

É claro que eu gosto da SALA DE ENSAIO, alambique da pesquisa, mas lá o espelho está presente, com sua duplicidade. Mas como dançar de frente para uma parede se não há espelho na sala de ensaio? O gesto toma sua própria projeção graças ao espaço, e o espelho, em todo caso, cria um espaço artificial, mas eficaz.

Então, a cada vez que posso montar uma coreografia diretamente no palco de um teatro, eu me sinto melhor, e acredito que a obra também.

O espelho é útil, é claro, não para eu me observar, mas para corrigir o bailarino que dança atrás de mim e segue meus movimentos. Se, para vê-lo, eu me coloco de frente para ele, nossos gestos ficam invertidos e meu braço direito corresponde ao braço esquerdo dele, e vice-versa. Um bailarino só consegue aprender um movimento atrás do professor ou do coreógrafo, por isso a sala de ensaio é útil para o ensino. Mas, para criar a verdadeira dinâmica da dança sobre meu corpo, o palco me proporciona uma autenticidade mais completa.

Entende, o espelho me fascina e me aterroriza... Eu me lembro da frase de Jean Cocteau: "Os espelhos deveriam refletir um pouco antes de devolver as imagens".

Nos templos xintoístas do Japão, sobre o altar, um espelho substitui a imagem da divindade. O que me faz pensar no provérbio hindu:

*"Você é isso"*
TAT TVAM ASI

# CARTA

# VII

Compreender

Um prédio grande compreende uma centena de apartamentos, cada apartamento não pode compreender um prédio.

Os seres humanos querem "compreender" Deus, mas o GRANDE permanece incompreensível para o pequeno.

Somente o Amor permite ao pequeno elevar-se por breves momentos ao nível do incompreensível, que no entanto está tão próximo de nós.

A oração cristã diz: "Pai nosso que estais no céu". Prefiro o Corão, que afirma: "Ele está mais próximo de ti que tua veia jugular". Ele está aqui, não há nada a compreender, nada a possuir, nada a esperar e sobretudo nada de vida futura. Capturar o presente, presente, presente... Principalmente no momento em que você dança, ele está ali, totalmente, o ímpar, o único, o múltiplo.

"Eu acreditaria somente num deus que soubesse dançar."

UM

As religiões ditas politeístas multiplicam ao infinito as manifestações do divino, existe o deus do fogo, o deus do trovão, a deusa da primavera, o deus do vinho, o da luz etc. Toda classificação, na verdade, ajuda os professores e as donas de casa a colocarem o que chamam de "ordem" nessas forças que os transcendem, nas quais procuram uma divindade em escala humana que com certeza não existe, ao menos não da maneira como nós, humanos, podemos concebê-la.

O mesmo ocorre na dança, onde todos os dias "especialistas" encontram uma nova terminologia para definir esta ou aquela forma de movimento e para criar de uma vez só uma capela, uma seita, uma exclusão.

A dança é UMA e está em movimento.

Toda descoberta traz consigo outra, sem anular o passado, que não está ultrapassado, mas que, assim como um passo dado e não anulado, é necessário para a evolução constante de uma arte que é do efêmero, da renovação, do frágil, do profundo, pois se trata da arte do instante, e porque só o instante existe.

Mas, tendo como base o conhecimento íntimo desse instrumento que não terminamos de descobrir, de analisar: o corpo humano ou o espírito manifesto.

Na dança, as classificações criaram um tipo de racismo, e Deus sabe que o racismo, teoria absurda, sempre impede uma visão, evolução verdadeira.
Não existe nenhum grande período artístico que não seja fruto de mestiçagem, entre um passado redescoberto e um novo horizonte que foi descoberto entre um país descoberto e um passado ressignificado, entre culturas e técnicas aparentemente antagônicas, mas na verdade complementares:

*Nascimento*
*Renascimento*

Sou contemporâneo, pós-africano, pseudoclássico, minimalista-japonisante, moderno-argentino, folclórico-retrô e indo-petipatista[8]...

---

8   Referência ao bailarino e coreógrafo francês, Marius Petipa (1818-1910), que atuou profissionalmente na Rússia, considerado o pai da dança clássica.

*Viva a Dança*

Agora, preciso confessar que não sei ao certo se sou coreógrafo... Tenho certeza, até, de que não o sou, porque para mim é impossível imaginar um movimento de dança, por menor que seja, sem saber quem vai executá-lo. É o intérprete que, com seu corpo, sua psicologia, sua potência emotiva, vai estimular, excitar minha imaginação e me lançar dentro desse movimento que, ao contrário do que possa parecer, vem da genialidade do intérprete e não da minha criatividade.

Não sei o que é um "arabesque". Nunca vi um arabesque (sim, o repeti várias vezes), mas eu vi a sra. X e o sr. Y executarem essa forma que os bailarinos nomeiam de "arabesque".

Amo loucamente meus intérpretes e, quanto mais profundo é esse amor, maior a chance de o resultado ser um sucesso! Eu fracassei em inúmeros balés, mas acredito nunca ter fracassado com uma bailarina ou um bailarino!

Quanto a você... Seja "o artesão furioso" sobre o qual versa René Char.[9]

Lute, trabalhe e voe!
*Salve!*

"Quem um dia ensinar os homens a voar, deslocará todos os marcos de limites; os marcos mesmos voarão pelos ares, e esse alguém batizará de novo a terra — de 'a Leve'."

NIETZSCHE[10]

---

9   Referência ao poema "L'Artisanat furieux" [O artesanato furioso], de René Char (1907-1988), em *Le Marteau sans maître* [O martelo sem mestre], de 1934.

10  NIETZSCHE, Friedrich. *Assim falou Zaratustra*, op. cit.

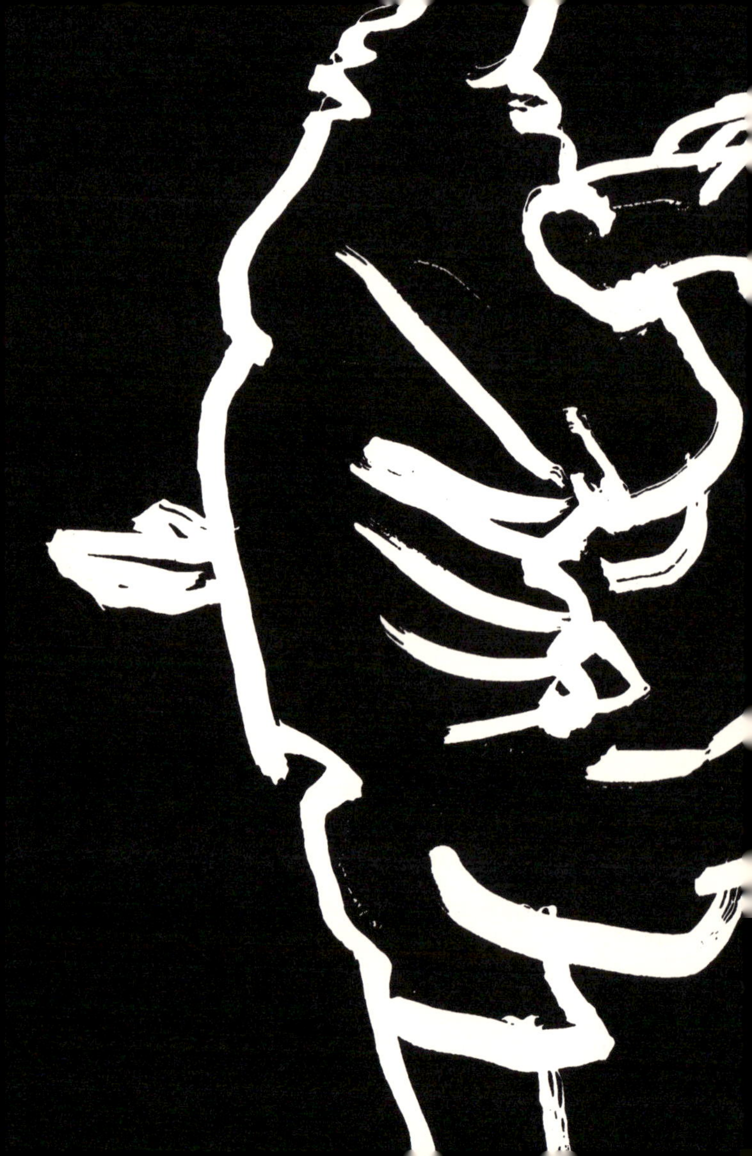

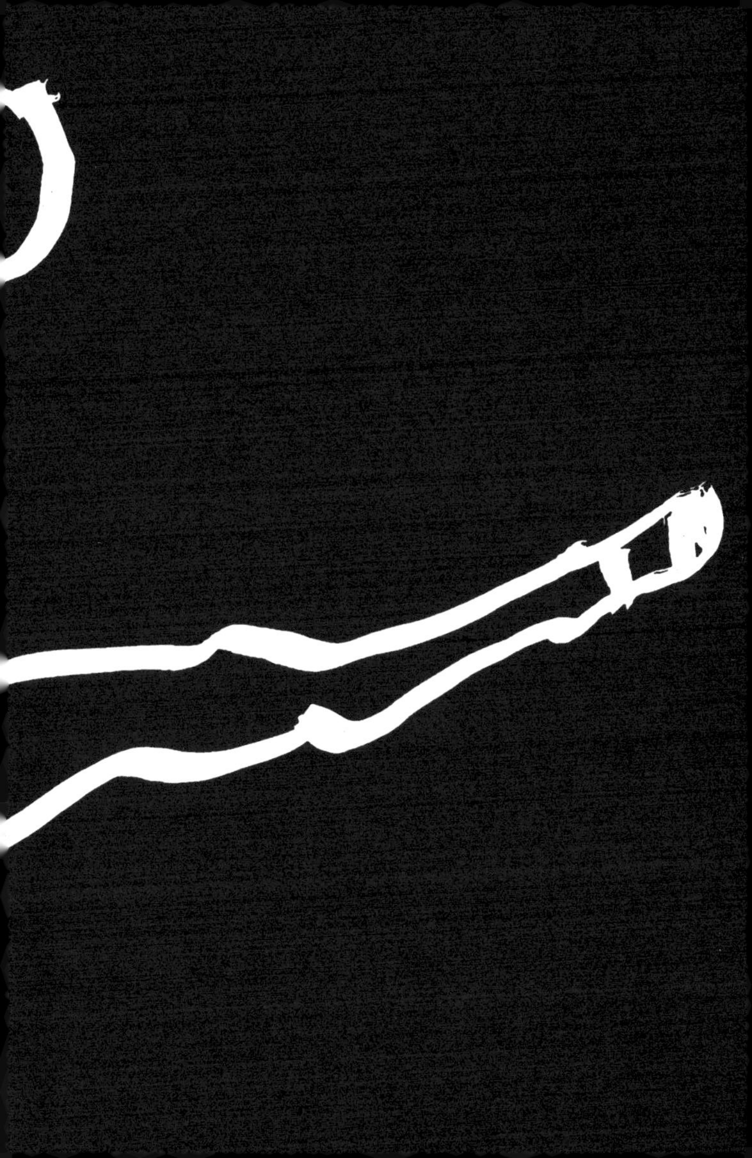

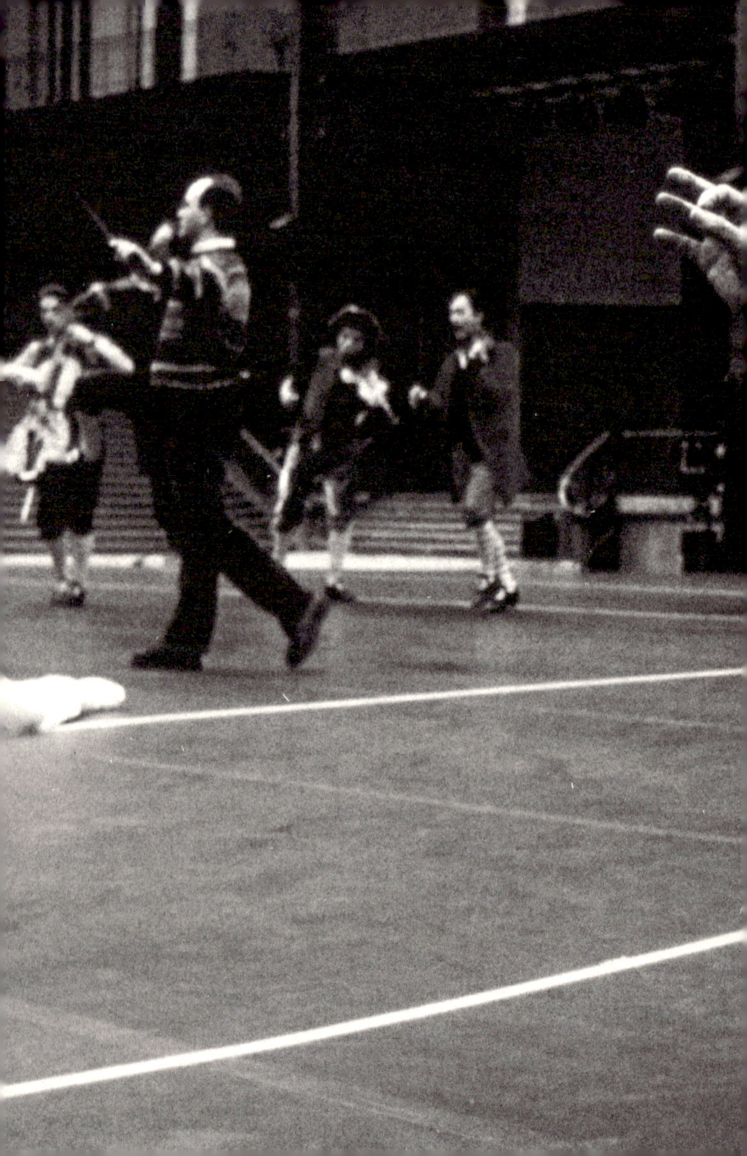

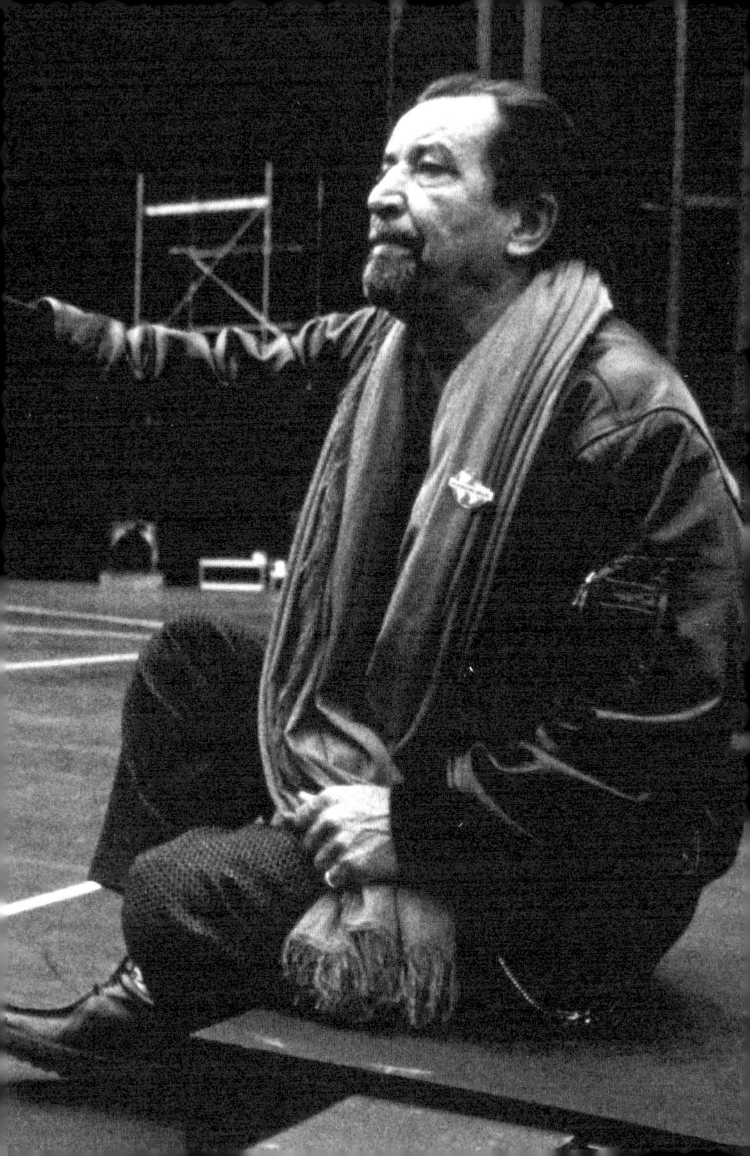

# NOTA BIOGRÁFICA

# MAURICE BÉJART

60

Maurice Béjart (1927-2007) nasceu em Marselha, na França. Iniciou sua carreira como bailarino em 1946, em Vichy, e logo passou a trabalhar com grandes nomes da dança, como Janine Charrat e Roland Petit.

A partir de 1955, começou a se destacar como coreógrafo, rompendo com as tradições do balé clássico. Sua versão de *A sagração da primavera*, com música de Igor Stravinski, conquistou enorme sucesso em 1959 em Bruxelas, onde no ano seguinte ele fundou o Ballet du XX$^e$ Siècle. Com essa companhia, viajou o mundo e criou algumas de suas obras mais icônicas, como *Bolero*, com música de Maurice Ravel, *Missa para o tempo presente* e *O pássaro de fogo*.

Béjart também dirigiu espetáculos de teatro, óperas e filmes e escreveu diversos livros. Em 2001, publicou *Cartas a um jovem bailarino*, no qual compartilha sua filosofia da dança.

Faleceu em Lausanne, na Suíça. Seu legado transcende a dança, unindo arte, filosofia e espiritualidade, numa valorização da busca interior com uma visão única do movimento como expressão da essência humana.

**DIREÇÃO GERAL E EDITORIAL**
Régis Mikail
Roberto Borges

**DIREÇÃO DE COMUNICAÇÃO E MARKETING**
Roberto Borges

**COORDENAÇÃO EDITORIAL**
Mariana Delfini

**COORDENAÇÃO DE DESIGN**
Tereza Bettinardi

**COORDENAÇÃO COMERCIAL E DE EVENTOS**
Mari Abreu

**ASSISTÊNCIA ADMINISTRATIVA**
Láiany Oliveira

**ASSISTÊNCIA EDITORIAL E DE COMUNICAÇÃO**
Victória Pimentel

**PROJETO GRÁFICO**
Estúdio Margem

**REDES SOCIAIS**
VICA Comunicação

**DESIGN DE COMUNICAÇÃO**
Chris Costa

**MÍDIA**
VELO Digital

**ASSESSORIA DE IMPRENSA**
Kulturális

**CONSULTORIA FINANCEIRA**
Daniela Senador

**SITE**
Agência Dígiti

Dados Internacionais de Catalogação na Publicação (CIP)
(Câmara Brasileira do Livro, SP, Brasil)

Béjart, Maurice, 1927-2007
　　Cartas a um jovem bailarino / Maurice Béjart;
　　ilustrações Bruno Passos; tradução Roberto Borges. —
　　São Paulo: Ercolano, 2025.

　　Título original: Lettres à un jeune danseur.
　　ISBN 978-65-85960-26-7

　　1. Bailarinos  2. Cartas – Coletâneas
　　3. Criação (Literária, artística etc.)  4. Dança
　　I. Passos, Bruno.  II. Borges, Roberto.  III. Título.

25-253159　　　　　　　　　　　　　　　　　　CDD-792.8

Índices para catálogo sistemático:
1. Dança: Artes 792.8
Aline Graziele Benitez - Bibliotecária - CRB-1/3129

# ERCOLANO

Editora Ercolano Ltda.
www.ercolano.com.br
Instagram: @ercolanoeditora
Facebook: @Ercolanoeditora

Este livro foi editado em
2025 na cidade de São Paulo
pela Editora Ercolano,
com as famílias tipográficas
Bradford LL e Wremena,
em papel Pólen Bold 70 g/m²
na Gráfica Leograf.